Was ist Yoga?

Kirstin Breitenfellner

Was ist Yoga?

Ein philosophisches ABC des Yogaübens und ein Wegweiser
durch den Dschungel von Trends und Irrwegen

Mit Illustrationen von Bianca Tschaikner

FALTER VERLAG

ISBN 978-3-85439-663-5

© 2019 Falter Verlagsgesellschaft m.b.H.
1011 Wien, Marc-Aurel-Straße 9
T: +43/1/536 60-0, F: +43/1/536 60-935
E: bv@falter.at, service@falter.at
W: faltershop.at

Autorin: Kirstin Breitenfellner
Illustratorin: Bianca Tschaikner
Lektorat: Helmut Gutbrunner
Grafik und Layout: Marion Großschädl
Produktion: Susanne Schwameis
Druck: Finidr, s.r.o., 73701 Český Těšín

FSC
www.fsc.org
MIX
Papier aus verantwor-
tungsvollen Quellen
FSC® C014138

Wir haben bei diesem Buch im Sinne der Umwelt auf die Verpackung
mit Plastikfolie verzichtet.

Inhalt

Was ist Yoga?

Yoga ist in aller Munde. Es gibt immer mehr Yogapraktizierende, neue Yogastile schießen wie Pilze aus dem Boden und in der Werbung wird Yoga als eine Art Allzweckwaffe eingesetzt: für das Anpreisen von Banken, Autos, Computern, Unterwäsche und Brot. Da verwundert es kaum, dass sich immer mehr Menschen fragen, ob man Yoga überhaupt noch entkommen kann. Und was Yoga eigentlich bedeutet.

Yogastudios, die nach dem Franchise-System funktionieren, und Accessoires wie Matten, Tops, Pants und Wasserflaschen beweisen vor allem eins: Yoga ist zu einem Geschäft mutiert. Frauen-, Wellness- und Sportmagazine erklären, dass man mit Yoga schön und schlank wird, und die kommerziellen Yogastudios bedienen diesen Hedonismus mit Spiegeln, Musik und dem Versprechen von Fettverbrennung, garniert mit ein paar weisen Sprüchen an der Wand oder zum Abschluss eines Yoga-Workout.

Yoga boomt, und das nicht ohne Grund: Es verspricht etwas, was im modernen Leben fehlt: die Aktivierung des Körpers bei gleichzeitiger geistiger Entspannung. Yoga reduziert Stress und fördert die Gesundheit.

Ist Yoga nun Esoterik oder Sport? Lifestyle oder Religion?

Traditionell wird Yoga als achtstufiger Pfad dargestellt, wobei die ersten beiden Stufen Verhaltensregeln gegenüber sich selbst und anderen betreffen und die nächsten beiden den Körper auf die Meditation vorbereiten, an die dann die letzten vier Stufen langsam heranführen.

Stufe drei und vier, Körper- und Atemübungen, auf Sanskrit Asanas und Pranayama, sind zentral im Hatha-Yoga, dem körperlichen Yoga, der gemeinhin gemeint ist, wenn heute von Yoga gesprochen wird. Der klassische philosophische Yoga ist etwa zweitausend Jahre alt, Hatha-Yoga entstand im 14. Jahrhundert n. Chr., trat seinen Siegeszug aber erst mit der Yoga-Renaissance im 19. und dem Yoga-Boom ab dem späten 20. Jahrhundert an. Um ihn geht es in diesem Buch.

Wie beginnt man mit Yoga? Wie übt man Yoga? Welche Ziele soll man sich setzen? Welche ursprünglichen Ziele des Yoga verdeckt der Hype um eine Disziplin, die ursprünglich der Selbsterkenntnis diente, dazu, das Ego zu überwinden? Und welches philosophische Konzept steht hinter dem zum Modewort verkommenen Begriff?

Darauf will dieses Buch eine Antwort geben. Es stellt keine konkreten Übungen vor, sondern klärt über die Fallstricke des Yogaübens auf, es hält keine Tipps bereit, wie man zu Weisheit gelangt, reflektiert aber die Hindernisse bei der persönlichen Weiterentwicklung.

Die 26 dem Alphabet folgenden Begriffe versuchen einen Weg durch den Dschungel der mutwilligen Verdrehungen der ursprünglichen Ziele des Yoga und das gezielte Aufblasen seiner Wirkungen zu bahnen.

Dabei wird so weit wie möglich auf Zitate verzichtet, denn um Yoga zu üben, muss man kein Indologie- oder Philosophiestudium absolviert haben. Die Ziele und Techniken des Yoga sind universal – und lassen sich gerade deswegen an das Leben, das wir heute führen, adaptieren.

Das ABC kann von vorne bis hinten gelesen werden, aber auch kreuz und quer, denn jeder Buchstabe erzählt eine abgeschlossene Geschichte. Es möchte zum Schmökern anregen, zum Hängenbleiben, zum Vor- und Zurückblättern, zum Gegen-den-Strich-Lesen und zum Kontemplieren über einzelnen Texten.

Die zufällige Buchstabenfolge des lateinischen Alphabets stellt nur den Anlass dafür dar, um ein Zentrum zu kreisen, das unabhängig von Zeit und Kultur oder Religion ist: das individuelle Selbst und den menschlichen Geist, der offenbar schon vor der Erfindung des Internets und des Smartphones rastlos war und allzeit bereit zu vorschnellen Verallgemeinerungen und hochfahrenden Hoffnungen.

Das Zur-Ruhe-Kommen des Geistes ist eine der ältesten Definitionen des Yoga. Dazu muss der Geist aber zuerst erforscht werden. Das geschieht im Hatha-Yoga während der Körper- und Atemübungen. Um Yoga zu praktizieren, muss man an nichts glauben, man muss aber etwas tun. Man muss anfangen.

Ein philosophisches
Yoga-Alphabet

A wie Anfang

Jetzt beginnt Yoga. So lautet der erste Vers der etwa zweitausend Jahre alten Yogasutren des Patanjali, in der es mehr noch als um die körperliche Praxis um den Geist geht, mit dem man Yoga übt bzw. den man durch Yoga verändern kann – um unsere Art zu fühlen und zu denken, zu urteilen und zu entscheiden.

Und es stimmt: Um etwas zu tun oder zu betreiben, muss man sich erst einmal entschließen anzufangen. Jetzt beginnt Yoga. Heute wollen viele, die sich für Yoga interessieren, sofort starten. Flexibilität seitens der Studios und Lehrenden ist gefragt. Kaum jemand ist noch bereit zu warten, bis der nächste Kurs beginnt. Und dann möchten manche Yoga-Aspiranten am liebsten kommen, wann es ihnen ins Konzept passt, und nicht darauf festgelegt sein, jede Woche einen Kurs zu besuchen.

In Indien war das bis vor kurzem noch anders: Da ließen Yoga-Gurus der Legende nach die Schüler auch gerne einmal warten. Entweder auf der Türschwelle oder indem sie ihnen erklärten, sie sollten zu einem anderen Zeitpunkt wiederkommen, und der konnte durchaus ein paar Monate in der Zukunft liegen. Auf diese Weise prüften sie, ob die Schüler auch wirklich an Yoga interessiert waren. Ob sie bereit waren, sich dem Yoga hinzugeben.

Heute ist die Situation eine andere. Immer mehr Menschen unterliegen so vielen Verpflichtungen, dass sie kaum Zeit für sich selbst freischaufeln können. Und die Schwierigkeit besteht nicht darin, von einem Guru akzeptiert zu werden, sondern in der Vielzahl der Yogastile denjenigen zu finden, der seriös ist und zu einem passt. Womöglich braucht es dazu noch viel mehr Determination und Geduld.

Auf dem Weg dorthin kann es schon einmal passieren, dass man denkt: Vielleicht ist Yoga doch nichts für mich. Und wieder aufhören will, bevor man noch so richtig angefangen hat. Yoga ist das Ineinander von Beharrlichkeit und Loslassen, lautet eine wichtige Definition. Diese beiden Eigenschaften braucht es manchmal schon, um mit Yoga überhaupt anfangen zu können.

B wie Begeisterung

Am ➤ *Anfang* ist Yoga ein Aufbruch, der sich schnell zu einem Höhenflug entwickelt. Vielen bietet es genau das, was ihnen gefehlt hat, denn es belebt und beruhigt zugleich. Yoga macht glücklich oder zumindest zufrieden, aber auf eine nachhaltige Weise. Yoga ist wie Heimkommen zu sich selbst. Man spürt seine Muskeln und dass man lebt. Man spürt den Atem und in sich hinein. Man wird beweglicher, und das geht zumeist ganz rasch. Man ahnt, dass man eigentlich nichts braucht außer sich selbst.

Diese anfängliche Begeisterung nicht zu verlieren, wenn man wieder auf dem Boden der Realität landet, wenn die Mühen der Ebene kommen, dazu gehört Beharrlichkeit. Denn der Fortschritt stagniert nach einer Zeit, nach ein, vielleicht zwei Jahren. Dann wird man zurückgeworfen auf sich selbst. Dorthin, von wo man fort wollte.

Das Üben wird zur Mühe. Für manche schon früher, denn der innere Schweinehund ist bequem. Wozu sich abmühen, raunt er. Er rührt sich nur von der Stelle, wenn er weiß, dass es eine Belohnung gibt. Und das scheint plötzlich nicht mehr sicher. Der Fortschritt wird unsichtbar oder scheint nicht mehr greifbar.

Und da braucht es sie wieder, die anfängliche Begeisterung. Oder zumindest die Erinnerung daran. Denn Yoga ist eine Disziplin, und das Wort ist verwandt mit dem deutschen ➤ *Joch*. Wenn die erste, überschießende Begeisterung nachlässt und der Schweinehund langsam begreift, dass mit Bequemlichkeit kein ➤ *Ziel* zu erreichen ist, beginnt Yoga. Wenn man sich überwindet zu üben, weil man weiß, dass es hilft. Bis man sich dann eines Tages nicht mehr überwinden muss, sondern etwas in einem danach verlangt, endlich wieder üben zu können, um sie zu spüren, die Begeisterung, und damit sich selbst.

Dann beginnt Yoga wirklich. Die Schwierigkeit liegt darin, der Glut immer wieder rechtzeitig Nahrung zu geben durch das Üben, den Atem, den Körper, die Muskeln, die Bewegung. Durch die Begeisterung.

C wie Chimären

Yoga boomt, und das aus gutem Grund, denn es bietet gleich zwei Dinge, die im modernen Leben fehlen: körperliche Betätigung und ➤ *Entspannung.* Aber gleichzeitig wachsen die Missverständnisse. Yoga ist mühelos, man wird schlank und schön und altert nicht. Das haben Frauenzeitschriften so lange geschrieben, bis es irgendwann alle geglaubt haben. Auch die ➤ *Männer,* die vermehrt der Meinung sind, dass Yoga etwas für Frauen sei, obwohl es jahrtausendelang von Männern für Männer entwickelt wurde.

Chimären sind Hirngespinste, Trugbilder, denen man vergeblich hinterherjagt. In Yogastudios werden sie derzeit genährt durch die überall aufgehängten Spiegel. Aber Yoga ist nicht dazu da, um schön und schlank zu werden, sondern um den Körper durchlässig zu machen. In sich hineinzuschauen. Yoga ist nicht dazu da, sein ➤ *Ich* zu streicheln mittels Spiegelbildern, die einen in engen Suits und mit viel sichtbarer Haut zeigen, sondern das Ego zu überwinden – denn sein ➤ *Ziel* ist die Meditation und damit ➤ *Freiheit.*

Yoga ist kein Wettbewerb, nicht einmal einer gegen sich selbst. Wer beim Üben in den Spiegel blickt, wird an seinem Bild hängen bleiben. Wer ständig nach links und rechts schaut, um sich mit anderen zu vergleichen, bringt sich um die Früchte seiner Mühen: das Loslassen und die Konzentration. Wer Yoga ausschließlich aus Eitelkeit und Hedonismus betreibt, kann genauso gut ins Fitnessstudio gehen.

Wer glaubt, dass Yoga dazu da ist, um Fett zu verbrennen, sollte wissen, dass man – etwa wenn man zu wenig Gewicht und damit zu wenig Erdung hat –, durch kluges Yogaüben auch zunehmen kann. Wer beim Yoga andauernd Wasser trinkt, lenkt sich ab und nebenbei auch noch das Verdauungssystem. Er unterbricht die Konzentration aus dem Gedanken heraus, dass gerade etwas fehlt.

Yoga bedeutet die Kultivierung der Fähigkeit, bei sich zu bleiben, zumindest eine Übungseinheit lang. Yoga ist nicht mühelos, sondern eine Disziplin. Aber es hellt nachgewiesenermaßen die Stimmung auf. Allerdings nur, wenn man es übt, ohne Chimären nachzujagen.

D wie Demut

„Wie lange dauert es, bis man Yoga kann?", fragen Yoga-Neulinge manchmal. „Ewig!", könnte man antworten. Im Yoga kann man nicht gewinnen wie im Marathon. Es gibt ein ➢ *Ziel,* aber keine Sieger. Yoga kann man nicht beherrschen. Wer Yoga übt, hat keine Garantien, und der Gewinn lässt sich nicht in Zahlen und Medaillen messen.

Oft hat man das Gefühl, Fortschritte zu machen, aber nicht immer. Und man kann nicht jeden Fortschritt mit dem Willen erzwingen. Schon gar nicht die Dehnung der Muskeln, von der viele glauben, dass sie das Zentrum des Yoga darstellt. Wer zu sehr an sich zieht und zerrt, wird immer steifer oder verletzt sich. Loslassen hilft da viel mehr. Aber etwas nicht zu tun ist oft viel schwerer, als etwas zu tun.

Yoga zu üben bedeutet Demut gegenüber dem, was da ist. Dem Körper, der nicht perfekt ist. Seinen Verletzungen, die einen beim Üben einschränken. Seinen Rückschlägen. Und natürlich dem Prozess des Alterns, den Yoga bremsen, aber nicht aufhalten kann. Demut bedeutet Ergebenheit und setzt eine Einsicht in Notwendigkeiten und ein Hinnehmen von Gegebenheiten voraus, definiert das Wörterbuch. Wer Yoga übt, wird dadurch nicht zu etwas Besonderem, sondern stellt sich der ➢ *Wirklichkeit.* Dadurch wird das aufgeblasene ➢ *Ich* abgewetzt.

Demut ist verwandt mit Hingabe. Beide haben in einer Ego-Kultur wenig „Sexappeal", trotzdem können sie in der richtigen Dosis Erleichterung schaffen. Denn immer alles im Griff haben zu wollen macht auf Dauer müde und depressiv. Mit Yogaüben lernt man sich und seinen Körper besser kennen, aber man bekommt sein Leben nicht unter Kontrolle.

Die Hingabe an den Guru ist in der indischen Kultur ebenso kompromisslos wie im Westen die Bereitschaft, Lehrende zu kritisieren und von ihrem „Sockel" zu holen. Hingabe oder Demut kann auch die Fähigkeit bedeuten, von einem Lehrer oder einer Lehrerin zu lernen. Und anzuerkennen, dass jemand etwas zu vermitteln hat.

E wie Entspannung

Yoga entspannt. Das hat sich herumgesprochen. Aber nicht alle wissen, dass sich diese Wirkung am Anfang manchmal erst nach dem Üben einstellt. Wenn man merkt, dass der Körper gleichzeitig animiert und gelöst ist. Wenn man merkt, dass man während des Übens keine Zeit hatte, an etwas anderes zu denken. Man geht beschwingt nach Hause, fühlt sich wie durchgepustet, das Gehirn ist frei und bereit für Neues.

Entspannung entsteht zunächst im Körper durch die Dehnung der Muskeln und die Verlängerung des Atems. Dabei hilft es, in Gedanken mit der Ausatmung dorthin zu gehen, wo die meiste Spannung oder der größte Widerstand zu spüren ist. Auszuatmen bedeutet loszulassen. Im Yoga übt man zuerst, die Ausatmung zu verlängern und damit zu verlangsamen, später auch die Einatmung und die Atempausen. Einatmen, ausatmen. Einatmen, ausatmen. Loslassen. Warten. ➤ *Pause.* So kommt man allmählich runter.

Loslassen kann man auch im Geist. Zum Beispiel seine Lieblingsgedanken, die sich ungefragt von selbst einstellen und einen gefangen halten. Die einen daran hindern, sich auf das zu konzentrieren, worum es gerade geht: den Körper, den Atem. „Ich bin so steif!" „Warum kommen die anderen tiefer runter als ich?" „Diese Übung werde ich nie beherrschen!" „Ich kann nichts!" Oder auch: „Yoga ist leicht!" „Ich bin so gut!"

Für diese Lieblingsgedanken gibt es in der Yoga-Philosophie sogar einen eigenen Begriff: Er lautet Samskara und bezeichnet tief verwurzelte Gedankenströme, die unser Denken strukturieren, unser Verhalten programmieren und uns unfrei machen. Samskaras sind wie kleine Filme, die sich wiederholt abspielen, ob sie nun passen oder nicht. Sie trüben die Wahrnehmung und hindern uns, adäquat auf Situationen zu reagieren.

Entspannen bedeutet innezuhalten, um wahrzunehmen, wie man tickt – und aus diesem Kreislauf, diesem Hamsterrad nach und nach auszusteigen. Wenn man diese Entspannung auf einer ganzheitlichen, also körperlichen und geistigen Ebene kultiviert, kann Yogaüben auch selbst zur Meditation werden. Man übt, ohne etwas zu wollen. Schon gar nicht, sich selbst zu verbessern. Dann macht Yoga erst richtig Spaß.

F wie Freiheit

Beim Yogaüben schult man sich, seine Aufmerksamkeit auf körperliche Vorgänge zu richten. Dabei bekommt man den Kopf frei für die Selbsterkenntnis. Deswegen beschäftigen sich die alten Yogatexte nicht nur mit dem Körper, sondern viel mehr noch mit der Psyche. Sie untersuchen das Zustandekommen von Gefühlen, Meinungen und Wissen – und damit auch von Fehlschlüssen, die der Selbsterkenntnis im Weg stehen. Wer nicht klar sieht, bleibt gefangen in seinen ➢ *Vorlieben* und Abneigungen. Das Gegenteil davon ist Freiheit – eines der wichtigsten ➢ *Ziele* des Yoga.

Freiheit bedeutet zunächst einmal ganz praktisch, von ➢ *Schmerzen* oder Verspannungen frei zu werden, um nicht von seinen Zipperlein und Wehwehchen absorbiert zu werden, sondern einen Raum für die Beschäftigung mit dem Inneren offenzuhalten. Denn das Ziel des Yoga besteht nicht nur in einem entspannten Körper, sondern auch einem beruhigten Geist und damit in innerer Freiheit. Ein Synonym für diese Freiheit ist Erleuchtung, ein oft missbrauchter Begriff, mit dem suggeriert wird, dass sie von selbst käme und dann alle Probleme ein für alle Mal gelöst seien und man nie mehr leiden würde.

Aber Freiheit will erarbeitet sein, sie kann wieder verloren gehen und sie hat einen Preis: Man muss Verantwortung für sein Leben übernehmen. Man muss sich auf die Suche nach den Ursachen von Unzufriedenheit und Leiden begeben. Das ist nur möglich durch die Verfeinerung der ➢ *Unterscheidungskraft:* Indem man lernt, zwischen ➢ *Wirklichkeit* und Wunschdenken zu differenzieren.

Ohne Leiden würde niemand Yoga üben. Aber seine Überwindung kann einen schmerzhaften Prozess bedeuten. „Freiheit ist die Bereitschaft, sich dem Risiko auszusetzen, das da heißt, dem Leben gegenüber verletzlich zu bleiben; es ist die Erfahrung all dessen, was in jedem Augenblick geschieht. Das erfordert vollkommene Hingabe an unser Leben", sagt die amerikanische Zen-Meisterin Yoko Beck.

Freiheit hat etwas zu tun mit Selbstvergessenheit, sie ist das Gegenteil von Selbstbesessenheit, der Ursache von Leiden und Unfreiheit.

G wie Gier

Nie zufrieden zu sein ist die größte Stärke und gleichzeitig die größte Schwäche des Menschen. Die Weltreligionen nennen diese Eigenschaft Gier und bestehen auf der Notwendigkeit, sie zu bekämpfen oder zumindest in Grenzen zu halten. Der Kapitalismus, der bislang von allen Systemen am besten in der Lage war, materielle Bedürfnisse zu befriedigen, beweist es, ohne es zu wollen: Das menschliche Begehren ist prinzipiell nicht stillbar. Weder jenes nach Gütern noch jenes nach Macht oder Ruhm.

Was begehren wir, wenn wir alles haben, was wir brauchen? Am Ende geht es immer um Aufmerksamkeit, um Anerkennung, um die Bestätigung, dass wir so geliebt werden, wie wir sind. Trotzdem oder gerade deswegen sind Beziehungen oft die ➤ *Quelle* von Unglück, denn auch von Anerkennung können wir nie genug bekommen. Der Mensch kann ohne andere Menschen nicht existieren. Er braucht sie zu seinem Glück.

Aber glücklich sein kann man immer nur für Augenblicke. Oder wenn man im Augenblick lebt. Yoga fördert dieses Vermögen: im Hier und Jetzt zu sein, mit seiner ganzen Aufmerksamkeit, und von der Gier, von allem Streben und Wollen für diesen einen kurzen Augenblick abzusehen – und diese kleine ➤ *Freiheit* womöglich langsam auszudehnen.

Auch Ehrgeiz, das übertriebene Streben nach Erfolg und Ehre, ist eine Form der Gier. Er besitzt das Potenzial, alles zu korrumpieren, auch das Yogaüben. Die immer zahlreicher werdenden Yoga-Wettbewerbe, die die yogische Grundidee des konzentrierten Beisichseins ins Gegenteil verwandeln, zeugen davon.

Mit Yoga verbringt man, wenn man es ernsthaft übt, viel Lebenszeit – auf sich gestellt, allein auf seiner Matte. Der Lohn besteht nicht in der Anerkennung durch andere, sondern in der Erkenntnis, dass man sich, zumindest für eine Zeitlang, auch selbst genügen kann. Dass der Körper und der Atem ausreichen, um Befriedigung, vielleicht Zufriedenheit und womöglich sogar Freude zu schaffen.

Yoga erzeugt Energie, es verbraucht sie nicht. Mit dieser positiven Ladung gelingt es dann auch wieder, auf andere zuzugehen.

H wie Handeln

Genauso, wie man nicht nicht kommunizieren kann, kann man nicht nicht handeln. Davon erzählt die Bhagavad-Gita, Teil des indischen Epos Mahabharata und einer der großen Texte der religiösen Weltliteratur. In ihr berät Gott Krishna den Kriegsherrn Arjuna, der in einem Dilemma steckt: Soll er in den Krieg gegen seine Verwandten ziehen und für das Recht eintreten? Dann hätte er auch ihm lieb gewordene Menschen zu töten. Bei einem Rückzug aber würde er den Bösen das Feld überlassen und indirekt für deren Gewalttaten verantwortlich sein.

Auch wer in der Welt handelt und sich ihren Verpflichtungen nicht entzieht, kann Frieden und Erleuchtung erlangen, selbst wenn sie einen dazu nötigen, in die Schlacht zu ziehen, lautet Krishnas Antwort. Richtiges Handeln müsse aber selbstlos und absichtslos sein, das heißt ohne Anhaftung auf Erfolg und Genuss. Denn dem Handeln zu entsagen sei gut, aber noch besser sei es, während des Handelns zu entsagen. Nicht die Früchte des Tuns seien wichtig, sondern das Tun selbst, der schöpferische Prozess, unabhängig vom Ergebnis.

Diese Erkenntnis lässt sich auch auf das Experimentierfeld der Yogamatte übertragen. Denn beim Yogaüben kommt es nicht auf das Ergebnis an, sondern auf das Tun. Es geht nicht darum, welche Übungen ich gerne mache, um Likes und Dislikes, ➢ *Vorlieben* und Abneigungen, sondern um das, was notwendig ist.

➢ *Freiheit* erlangt man nicht durch die Vermeidung jeglichen Handelns – was auch gar nicht möglich wäre –, sondern durch eine veränderte Motivation zum Handeln. Dadurch, dass man sein Handeln analysiert, wenn möglich nicht erst nach, sondern schon vor und zumindest während der Tat.

Handeln soll man aber nicht nur absichtslos, sondern auch mit Hingabe. Yoga zu üben bedeutet, sich einer Tätigkeit, einer Körperstellung oder einem Atemprozess voll und ganz zu widmen. Alles andere tritt derweil in den Hintergrund: die Einkaufsliste, der Beziehungsknatsch, die Probleme mit den Kollegen, ja sogar die Fitnessziele und womöglich, für die Zeit des Übens, sogar die Angst vor dem ➢ *Tod.*

I wie Ich

Wir leben in einer Gesellschaft, in der das Ich einen hohen Status genießt. Die dazugehörige Lebensform nennt man Individualismus: die Betonung der Eigenständigkeit des Einzelnen. Weil ich es will, kann ich es auch bekommen, lautet das Motto der dazugehörigen Werbeslogans.

Dabei viel zu selten bedacht wird der Widerspruch, der darin liegt, dass die vielen angeblich so unabhängigen Ichs zunehmend dasselbe wollen: Produkte, die stets ein anderes Ich – in der Werbung Testimonial genannt – schon besitzt. Durch die Globalisierung gleichen sich die Wünsche an – und damit das Angebot in Wien, London, Seoul, Mumbai etc. Aber sind wir deswegen glücklicher oder zumindest zufriedener geworden?

Die indische Philosophie beschäftigt sich seit jeher mit den Fallen des Ego, wie sie jenen Teil des Ichs nennt, der uns unglücklich macht. Das Ego ist immer auf der Suche. Es hängt an seinen ➤ *Vorlieben* und Abneigungen, die sich heute in der Manie von Bewertungen manifestieren. Dieser Bewertungswahn wird nicht nur auf andere angewandt, sondern auch auf sich selbst.

Das Ich will perfekt sein. Das Ich will Optimierung. Das Ich will ...

Das Wollen, das sich stets auf eine Zukunft richtet, verhindert Gegenwart. Es trübt die Wahrnehmung, denn es sucht überall nach Bestätigungen, die das Ich streicheln und aufblähen. Es hängt an Meinungen, statt die Wahrheit zu suchen. Es flüchtet in Blasen, statt seine Urteile zu hinterfragen.

Um dieses Gefängnis zu verlassen, ist es notwendig, die Tricks des Ego zu verstehen. Die Yogasutren des Patanjali geben Hinweise darauf, welche Gedanken und Gefühle uns daran hindern, das Ego zu überwinden: falsche Schlussfolgerungen und Vorurteile, Eitelkeit und Stolz, ➤ *Gier* und Angst.

Sie gilt es zu erkennen auf dem Weg zu einem Selbst, das fähig ist, von Likes und Dislikes abzusehen. Dabei hilft eine Yogapraxis, in der man nicht nur übt, was man mag, sondern was hilfreich ist. Das Ich macht sich auf den Weg aus der Enge seiner Wünsche in Richtung eines Selbst, das wenig mit dem Ideal der Selbstverwirklichung zu tun hat, aber umso mehr damit, von seinem Ich auch abzusehen zu können.

J wie Joch

Yoga zielt nicht auf Wellness ab, es ist kein Wohlfühlprojekt, sondern eine Disziplin. Das Wort aus dem altindischen Sanskrit ist mit dem deutschen Joch verwandt. Es bedeutet anjochen, anspannen, anschirren.

Eines der berühmtesten Yoga-Gleichnisse, jenes vom Wagenlenker und seinen Pferden, stammt aus der Katha-Upanishad: Das Selbst oder die Seele wird dabei als Wagenbesitzer begriffen, die Weisheit als Wagenlenker, der Verstand bildet die Zügel und der Körper den Wagen. Die Pferde stellen die Sinne oder Sinneswahrnehmungen dar und die Sinnesobjekte ihren Auslauf und ihre Weide.

Das bedeutet: Die Sinne sind immer auf Genuss aus. Wer seinen Verstand nicht benutzt, dessen Sinne werden ungehorsam wie schlecht erzogene Pferde. Wem es an Verstand und ➤ *Unterscheidungskraft* mangelt, kann ➤ *Freiheit* nicht erlangen, denn nur mit ihnen kann man die Zügel fest in der Hand halten und das ➤ *Ziel* des Yoga, die Freiheit, erreichen.

Ein Joch ist eigentlich ein Gerät, das die Freiheit von Arbeitstieren stark einschränkt. Und das soll zu Freiheit führen? Ja, denn der Verstand des Menschen ist unstet. Die indische Philosophie vergleicht ihn immer wieder mit einem Affen, der von Baum zu Baum springt, von Objekt zu Objekt – und das schon Jahrtausende vor Erfindung des Smartphones …

Yoga, heißt es etwas später in der Katha-Upanishad, bedeutet „der Sinne starke Fesselung". Dieses Joch legt man sich zunächst mit Körper- und Atemübungen an und später durch den Rückzug der Sinne von der Außenwelt und die Meditation. Das Üben auf der Matte, womöglich ohne Musik, Spiegel und andere äußere Ablenkungen, ist für manche schon Herausforderung genug. Es wird belohnt mit innerer Ruhe, einer Form von Freiheit.

Yoga bzw. Joch bedeutet aber auch Verbindung: mit seinem Körper, seinem Atem, mit sich selbst. Im Yoga integriert man Körper und Verstand, die Natur und ihren Beobachter. In den Worten der Bhagavad-Gita: „Er, dessen Ich durch Yoga angejocht, der überall das Gleiche schaut – er sieht das Selbst in allen Wesen wohnen und alle Wesen in dem Selbst."

K wie Kraft

Yoga ist leicht, ein Sport für jene, die zu faul sind zum Laufen oder fürs Krafttraining, lautet eines der gängigen Vorurteile, das vermutlich mit ein Grund dafür ist, warum immer weniger ➤ *Männer* Yoga üben.

Dabei geht es im Yoga nicht nur um ➤ *Entspannung* und Dehnung, sondern auch um Kraft. Dehnungen lösen Verspannungen, sie machen den Körper weich. Aber wer nur dehnt, wird schwach. Die Körperübungen des Yoga – vor allem die Stehhaltungen, aber auch Umkehrhaltungen und Rückbeugen – bauen deswegen Kraft auf.

Yoga kann anstrengend sein, manchmal kommt man sogar ins Schwitzen, aber nach dem Yogaüben soll man sich nicht erschöpft fühlen wie nach einem Workout, sondern erfrischt und bereit für neue Aktivitäten, mit einem Wort: gekräftigt. Das erreicht man durch einen langen, ruhigen Atemrhythmus, der es einem erlaubt, anstrengende Übungen zu machen, ohne aus der Puste zu kommen.

Im Yoga geht es nicht um Kraftmeierei. Die Muskeln, sagen die alten Yogatexte, sollen nicht hervortreten, sondern lang und dünn sein. Im Yoga verausgabt man sich nicht, sondern macht jede Übung mit nur so viel Kraft wie notwendig und versucht sich dann innerhalb der Stellung zu entspannen.

Diese Kraft macht nicht schwer, sondern leicht. Man kann sie auch Spannkraft nennen, die Stärke und ➤ *Leichtigkeit* verbindet und nicht nur mit Muskeln arbeitet, sondern auch mit den Faszien, den Weichteil-Komponenten des Bindegewebes, die den ganzen Körper umhüllen und verbinden. Yoga aktiviert nicht nur die Muskeln, sondern auch die Gelenke, die dadurch geschmeidig bleiben.

Der Metabolismus, der Stoffwechsel, wird dabei nicht hochgefahren, sondern harmonisiert und teilweise sogar verlangsamt. „Fatburning"-Yoga beruht deswegen auf einem Missverständnis bzw. einseitigem Üben.

Kraft wird im Yoga langsam aufgebaut, nicht nur als äußere, sondern auch als mentale Stärke. Yoga kultiviert das Ineinander von Loslassen und Beharrlichkeit – als die Kraft dabeizubleiben, auch wenn es schwierig wird, den inneren Schweinehund zu überwinden und dabei die Aufmerksamkeit zu halten.

L wie Leichtigkeit

Yoga erdet. Zum Beispiel mit Gleichgewichtsübungen wie dem Klassiker „Baum", bei dem man auf einem Bein steht und den Fuß des zweiten Beins an die Innenseite des Oberschenkels presst. Dazu hebt man die Arme und damit die Organe. Es scheint paradox, sich vom Boden zu lösen, um sich mit dem Boden zu verwurzeln.

Aber da der Mensch nicht fliegen kann, erlangt er Leichtigkeit nur durch Erdung, das heißt durch Schwere und durch ➤ *Kraft,* besonders in Form der Spannkraft. Wer keine Kraft hat, klebt am Boden. Nur wer Erdung hat, kann abheben. Zumindest mit einem Bein.

Die Notwendigkeit, sich in Gleichgewichtsübungen wie dem Baum durch kleine, austarierende Muskelbewegungen auszubalancieren, stärkt die Intuition. Wer leicht ist, kann nicht hart fallen, sondern wird aufgefangen von seinem vegetativen Nervensystem, das auch autonom genannt wird, weil die innerkörperlichen Vorgänge, die es regelt, nicht willentlich beeinflusst werden können.

Yogaübungen wie Balancehaltungen, aber auch Atemtechniken und Energieverschlüsse beeinflussen es indirekt. Und stärken damit das innere Gleichgewicht, die lebenswichtigen Funktionen wie Herzschlag, Atmung und Stoffwechsel ebenso wie die Organe und Drüsen.

Yoga stimuliert, und die Energie kommt ins Fließen. Dabei wird nicht nur der Körper von Verspannungen und falschen Atemmustern erlöst und durch die Entwicklung von Spannkraft weniger erdschwer, sondern auch der Geist befreit.

Die Yogasutren des Patanjali widmen den Körperhaltungen, den Asanas, die das Kernstück des modernen Hatha-Yoga bilden, nur wenig Aufmerksamkeit. „Asana ist eine Körperhaltung, die stabil und leicht zugleich ist", heißt es im dritten Vers.

Yoga erdet. Aber es macht nicht schwer, sondern überwindet die Trägheit durch den Aufbau von Kraft und Leichtigkeit. Es gibt Stabilität und ermöglicht gerade dadurch eine Entwicklung hin zu mehr Aufmerksamkeit und ➤ *Neugier,* mit einem Wort: zu mehr Leichtigkeit im Geist.

M wie Männer

Yoga wurde jahrtausendelang von Männern für Männer entwickelt. Frauen durften Yoga, wenn überhaupt, nur im Sari mitmachen. Als B. K. S. Iyengar in den 1950er-Jahren Frauen in seinen Kursen in Puna im Bundesstaat Maharashtra in kurzen Hosen üben ließ, glich das einer kleinen Revolution.

Erst als Yoga seinen Siegeszug im Westen antrat, die Frauenmagazine auf diesen Trend aufsprangen und ihrem Publikum erklärten, dass man mit Yoga ohne Anstrengung schön, schlank und gesund würde, kamen Männer auf die Idee, dass Yoga wohl nichts für sie sei. Dass sie im Yoga vermutlich unterfordert wären. Oder dass Yoga, dem Wettbewerb und Überanstrengung fremd sind, irgendwie „weiblich" sei.

Geschätzte neunzig Prozent der Yogalehrer und -schüler im Westen sind mittlerweile Frauen, nur in den körperlich fordernden Stilen findet man einen größeren Anteil von Männern. Mittlerweile gibt es sogar eigene Kurse in „Männeryoga", ein Pleonasmus wie der weiße Schimmel.

Frauen waren also bis vor kurzem die Ausnahme im Yoga, auch in der Theorie – mit Ausnahme der „Yoga Yajnavalkya" aus dem 13. Jahrhundert, in der der indische Seher von seiner Frau und Schülerin Gargi über Yoga befragt wird. Sie enthält sogar besondere Ratschläge für Frauen. Trotzdem richtet sich das Buch an alle Menschen, so wie Yoga auch. Mit wenigen Einschränkungen während der Menstruation, Schwangerschaft und Stillzeit führen Männer und Frauen dieselben Übungen aus.

Die „Yoga Yajnavalkya" erwähnt auch, dass man Yoga nicht nur in der Waldeinsamkeit, sondern auch in einem Dorf oder sogar in einer Stadt üben kann. Yoga wurde schon im alten Indien nicht nur für Asketen, sondern auch für Menschen propagiert, die mitten im Leben stehen.

Der Yoga-Trend im Westen nahm seinen Ausgangspunkt nicht zufällig in den Städten, wo sein Angebot von Kräftigung und ≫ *Entspannung* zuerst auf fruchtbaren Boden fiel. Aber mittlerweile hat sich nicht nur das Leben von Stadt- und Landbevölkerung angeglichen – wobei Stress und mangelnde Bewegung zu einem gesamtgesellschaftlichen Phänomen avanciert sind –, sondern auch das von Männern und Frauen. Yoga bietet für alle ein gemeinsames Dach, um nicht zu sagen ≫ *Joch.*

N wie Neugier

Achtsamkeit hat Konjunktur. Sie verhindert, dass man sich selbst und anderen wehtut, und klingt irgendwie besser als Aufmerksamkeit, nicht so prosaisch, sondern viel spiritueller. Manche ziehen aus dieser Fähigkeit einen Stolz, der sie auf andere, weniger bewusste Zeitgenossen herabschauen lässt. Sie kann dazu benutzt werden, von der Welt zu fliehen und sich für ihre Ungerechtigkeiten nicht mehr zuständig zu fühlen oder die Welt umzudeuten in einen friedvollen Ort, wo dann klassische Yogastellungen wie der Krieger den absurden Zusatz „friedlicher Krieger" bekommen. Dabei verliert der ach so Achtsame unbemerkt die Neugier.

Aber Achtsamkeit, Aufmerksamkeit und Neugier gehören zusammen. Achtsamkeit verlangsamt die Wahrnehmung, Aufmerksamkeit sorgt dafür, dass einem nichts entgeht – auch nicht die unangenehmen Aspekte der Welt oder der eigenen Persönlichkeit –, und Neugier führt zu dem Wunsch, nicht stehen zu bleiben, Neues zu entdecken oder Bekanntes in neuem Licht oder aus einer anderen Perspektive zu betrachten.

Neugier gehört zum Yoga, das, besonders wenn man fixe Serien übt, dazu tendieren kann, mechanisch zu werden. Die Kunst besteht darin, auch oft wiederholte Stellungen mit derselben Achtsamkeit und Aufmerksamkeit auszuführen, und das heißt gleichzeitig mit Neugier: so, als würde man sie zum ersten Mal machen.

Neugier und Konzentration scheinen auf den ersten Blick Antagonisten zu sein, auf einer tieferen Ebene kann man aber nicht konzentriert üben, ohne neugierig zu bleiben. Denn sonst verliert man die Fähigkeit, sich auf das Hier und Jetzt einzulassen und die kleinen Veränderungen und Schwankungen im Körperbefinden zu berücksichtigen. Man wird gedankenlos und tut sich weh. Falsches Üben zeitigt Verletzungen, aber auch Stagnation. Wenn sich über längere Zeit nichts verändert, gilt es, seine Praxis zu überdenken.

Beim Yoga ist es wie bei allen Dingen, die man intensiver übt: Je mehr man tut, desto mehr kann man falsch machen. Deswegen ist es wichtig, eine Yogastellung nicht einfach einzunehmen, sondern sie zu erforschen, mit kleinen Adjustierungen. In dieser Feinabstimmung und in diesem ➤ *Handeln* bleibt der Geist aufmerksam und kommt gleichzeitig zur Ruhe.

O wie Om

„Om", summen die Kinder, wenn sie wollen, dass ihre Eltern sich entspannen. Dazu führen sie ihre Daumen mit den Zeigefingern zusammen, winkeln die Ellbogen an und imitieren damit eine Meditationshaltung. Yoga und seine Positionen und Laute gehören mittlerweile zum Mainstream und bieten Stoff für Werbesujets für alle möglichen Produkte und Dienstleistungen, vom Joghurt bis zur Bank, vom Laptop bis zum Auto. Aber sie werden auch gerne dazu benutzt, die angeblich ach so erleuchteten Yogapraktizierenden mit mildem Spott zu bedenken.

Das Om-Mantra ist dabei zu einer Art Synonym für Yoga geworden, dabei wird es beileibe nicht in allen Yogastunden gesungen. Und die wenigsten Schülerinnen und Schüler wissen, was es mit diesem Laut auf sich hat.

Er wird bereits in den Upanishaden erläutert, einer Sammlung philosophischer Schriften, die den Abschluss der hinduistischen Veden bilden. Sie definieren ihn als Ur-Wort, das nicht nur alle anderen Worte umfasst, sondern auch die ganze Welt, ja, sie nicht nur umfasst, sondern das Universum *ist*.

„Om", gesprochen „aum", wird dabei in vier Bestandteile zerlegt. A, U und M repräsentieren die drei Bewusstseinszustände des Menschen: Wachen, Traum und Tiefschlaf. A, der offenste aller Vokale, gilt als Laut des Aufbruchs und des Wachzustands. U als der Zwischenlaut zwischen A und M steht für Wandel und Umbruch und für das aktive Traumbewusstsein. M, ein Verschlusslaut, repräsentiert den Tiefschlaf ohne Träume, der von der Last des Ichseins, des Individuellen befreit, das Zur-Ruhe-Kommen und die Einkehr.

Und der vierte „Laut" bedeutet die Stille nach dem M, in dem bekannten Schriftzeichen der Devanagari-Schrift durch den Punkt repräsentiert. Er steht für das Zuschauersein, den Beobachter, den die Yogapraxis zu stärken versucht, und für das Einswerden von Subjekt und Objekt, die Versenkung.

Aber eigentlich muss man über Om nichts wissen, man muss es singen. Es weitet den Brustkorb und bringt den Körper in Schwingung. Es kann, da es alles und damit nichts bedeutet, daran erinnern, dass man einfach nur da sein kann und nicht zu allem eine Meinung haben muss. Dass man auch mal einverstanden sein kann mit dem Leben, so, wie es ist.

P wie Pause

Am ➢ *Anfang* der Yogapraxis hat man an Tagen, an denen man nicht geübt hat, manchmal das Gefühl, das Erreichte zu verlieren. Oder man muss sich überwinden zu üben, weil der innere Schweinehund zu Bequemlichkeit rät. Wenn man Feuer gefangen hat für das Yogaüben, tritt dieses Problem in den Hintergrund und es taucht ein anderes auf.

Yoga kann zu einer ➢ *Begeisterung* führen, die eine positive Seite hat: Man dürstet danach zu üben, weil man weiß, dass man sich danach gut fühlt. Man wird „süchtig" nach dem Yogaüben. Das hat den Vorteil, dass man sich nicht mehr motivieren muss – und ist an sich nicht schädlich.

Aber die Gefahr einer subtileren Form von Abhängigkeit ist doch gegeben. Das kann sogar so weit gehen, dass Yogapraktizierende einen Tag, an dem sie nicht geübt haben, als verloren ansehen. Von diesem ➢ *Joch* gilt es sich zu befreien: mit Pausen.

Wenn man zu lange dasselbe geübt hat, braucht man eine Pause. Manchmal lernt man in dieser Pause mehr, als wenn man verbissen weitergemacht hätte. Eine Pause bedeutet nicht, mit etwas aufzuhören oder nichts mehr zu tun, sondern innezuhalten. Eine Pause kann bewirken, dass man den Freiraum bekommt, seine Praxis zu hinterfragen.

Denn je mehr man übt, desto größer wird die Gefahr, mit kleinen Unkorrektheiten Probleme zu kreieren, bestimmte Körperteile über die Maßen zu beanspruchen, sie durch Überstrapazieren gefühllos zu machen oder sich zu verletzen.

Eine Pause gibt dem Körper die Möglichkeit, sich selbst zu regulieren. Sie unterbricht Mechanismen und verschafft Erholung, sie bedeutet ➢ *Freiheit* von sich selbst, von übertriebenem Ehrgeiz. Denn die vielzitierte Erleuchtung, selbst wenn sie immer nur für kurze Zeit erreichbar sein sollte, kann man nicht erzwingen. Man kann nur Raum für sie schaffen. Dadurch, dass man, zumindest für eine Zeitlang, sein Wollen hintanstellt und nichts tut.

Auch bei den yogischen Atemübungen spielt die Pause eine Rolle: Nach der Verlängerung der Ein- und Ausatmung wird die Atempause kultiviert, die als die höchste Form des Pranayama, der Atemübungen, und der Beginn der Meditation gilt.

Q wie Quelle

Yoga macht den Kopf frei, und sei es nur, weil man einmal dreißig oder neunzig Minuten keine Zeit hatte, an etwas anderes zu denken als den Atem und den Körper. Man fühlt sich erfrischt und erneuert. Während man Yoga übt, leert sich der Kopf und assoziiert frei, ohne etwas zu wollen. Manchmal kommen einem bei diesem konzentrierten Üben Ideen, auf die man nicht gekommen wäre, wenn man aktiv nachgedacht hätte. Yoga macht den Weg für das frei, was da ist.

Mit Yoga schlägt man Wurzeln. Damit wird es zu einer Energiequelle und einer Quelle der Freude. Wer Yoga freudlos, das heißt nur aus Pflichtbewusstsein übt, macht es hart und technisch. Die indische Philosophie unterscheidet zwischen vier menschlichen Bedürfniskategorien: Sinnesfreude, Wohlstand, Pflichterfüllung und Befreiung. Sie alle sollen sich in Balance befinden. Sinnesfreude heißt auf Sanskrit „kama", bekannt aus dem „Kamasutra", dem berüchtigten Lehrwerk der Erotik.

Bloße Sinnesfreude („bhoga") führt zu Krankheit („roga"). Den Ausgleich schafft Yoga, das Willenskraft erfordert, was beim bloßen Genuss nicht der Fall ist. Yoga eröffnet eine Energiequelle, die sich selbst erneuert.

Wer Yoga übt, braucht keine Drogen, der Körper wird selbst zu einer Quelle von Wohlbefinden. Man benötigt dazu fast nichts: nur sich selbst und vielleicht noch eine Matte. Einfachere Voraussetzungen, um sich Lust zu verschaffen, gibt es kaum.

Hatha-Yoga mit seinen Körperübungen gehört zu den tantrischen Strömungen, die alle Arten von Energie für wertvoll erachten, auch sexuelle, und die sinnliche Bedürfnisse und Leidenschaften nicht abzutöten versuchen wie asketische Traditionen, sondern zu integrieren und sublimieren. Insofern ist Yoga auch eine Kunst.

Yoga schult die Intuition und erweckt die Intelligenz des Körpers. Das Herz, der Bauch, jede Zelle kommuniziert mit. Dehnungen und die Konzentration auf das Ausatmen lösen Spannungen. Die Energie, die früher für zu viel körperliche und geistige Anspannung verschwendet wurde, beginnt zu fließen.

R wie Religion

Yoga ist keine Religion, auch wenn es ursprünglich innerhalb des Gedankenspektrums von Hinduismus und Buddhismus entstanden ist und weiterentwickelt wurde. Man muss an nichts glauben, sondern „nur" etwas tun. Dieses „nur" stellt eine komplexe Aufgabe dar, an der man ein Leben lang wachsen kann.

Die Technik des Yoga ist universal, weil sie mit dem Körper und dem Atem arbeitet. Seine Philosophie beschäftigt sich hauptsächlich mit der Arbeitsweise des Geistes und den Gefühlen. Gerade dieser Umstand macht sie für die Wohlstandsbürger des Westens und jenen Teilen der entwickelten Welt, in denen es nicht mehr nur ums Überleben und Sattwerden geht, von Singapur bis Kapstadt, von Moskau bis Buenos Aires, interessant.

Manche Yogastile haben die kulturelle und philosophische Herkunft aus dem Hinduismus und Buddhismus vollständig hinter sich gelassen und betreiben Yoga als Workout zur Steigerung von Fitness und Gesundheit. Auf diese Weise wird Yoga zu bloßem Sport.

Andere Stile hingegen betonen die Spiritualität des Yoga und lassen dabei bisweilen eine gewisse Überheblichkeit gegenüber denjenigen erkennen, die glauben, mit körperlicher Anstrengung und Schweiß weiterzukommen. Sie beginnen den Weg gleich beim Ziel, der Meditation, in der Annahme, dass Körper- und Atemübungen „profan" seien oder sich zumindest auf einer niedrigeren Stufe befänden. Hatha-Yoga geht aber davon aus, dass ein unsteter Geist und ein zwickender Körper der Kontemplation entgegenstehen und zuerst mittels Asanas und Pranayama harmonisiert werden müssen, um mit der Meditation beginnen zu können.

Der Begriff Spiritualität kommt vom lateinischen „spiritus", Geist, bzw. „spiro", ich atme. Im Hatha-Yoga versucht man, den Geist mittels des Atems zu beeinflussen. Und nimmt dabei an, dass man den Körper nicht verändern kann, ohne den Geist zu transformieren. Deswegen heißt es auch, dass die klassische indische Medizin Ayurveda beim Körper beginnt, Yoga aber beim Bewusstsein.

S wie Schmerzen

„Yoga war nichts für mich. Mir hat nachher alles wehgetan", sagen manche Yoga-Neulinge. Und unter Yogalehrenden gibt es manchmal Diskussionen darüber, ob es abschreckend wirkt, mit Schülern über Schmerzen zu reden. Nicht darüber zu sprechen kann aber falsche Erwartungen wecken und Verwirrung zeitigen.

Hier soll also von Schmerzen die Rede sein, denn wer Yoga übt, kommt meistens nicht umhin, mit Schmerzen umgehen zu lernen. Schmerzen werden unterschiedlich wahrgenommen, von angenehm entlastend bis unerträglich intensiv. Schmerzen lassen sich nicht immer vermeiden. Gefahrfreies Üben setzt deswegen die ➤ *Unterscheidungskraft* zwischen zuträglichem und weniger zuträglichem oder sogar gefährlichem Schmerz voraus. Diese wird im Yoga geschult.

Dehnungsschmerz gehört zuallermeist zum „guten" Schmerz. Das spürt man, wenn man sich daran gewöhnt hat, schon während der Übung an seiner entspannenden Wirkung. Zumeist aber erkennt man es daran, dass man sich nach dem Üben gut fühlt – oder allenfalls etwas Muskelkater bekommt. „Schlechter" Schmerz tritt oft im Knie, im unteren Rücken oder in der Halswirbelsäule auf.

Wenn Schmerzen sich nicht gut anfühlen oder anhalten, kann es ratsam sein, einen Arzt zu konsultieren, denn Yoga wendet sich (außer in seinen therapeutischen Formen) an Menschen, die sich noch selbst helfen können. Vernünftiges Yogaüben heißt weder Schmerzen anzustreben noch verbissen auszuhalten. Es bedeutet, Schmerzen zu überwinden.

Auf dem Weg dorthin kann es hilfreich sein, bis zu dem Punkt zu gehen, wo der Schmerz beginnt, aber nicht darüber hinaus. Eines der untrüglichsten Zeichen dafür, dass man zu ehrgeizig war, stellt der Atem dar. Schmerzen lassen einen die Luft anhalten. Wenn man bei der Ausatmung nicht mehr loslassen kann, hat einem der Schmerz die Grenze gezeigt, an der es zu verweilen und weiterzuarbeiten gilt.

Viele Schmerzen vergehen im Laufe des Übens von selbst, aber die wohltuende Wirkung des Yoga bleibt.

T wie Tod

Als größter Widersacher des Menschen wird von den meisten der Tod angesehen. Mit ihm liegen alle im Clinch, die nicht daran glauben, nach dem Tod ins Paradies zu kommen, und manchmal sogar die.

In der indischen Philosophie gibt es das Prinzip des Karma – den Glauben daran, dass man entsprechend seinen Taten in diesem Leben in einem nächsten Leben auf einer höheren oder niedrigeren Stufe wiedergeboren wird. Als ➤ *Ziel* gilt allerdings die Befreiung aus dem Kreislauf von Leben, Tod und Wiedergeburt. Doch die Angst vor dem Tod scheint es trotzdem zu geben. Sie ist eine biologische Tatsache, die sich darin äußert, dass einzelne Yogasutren versprechen, dass man mit den Übungen nicht nur Krankheiten überwinden könne, sondern auch den Tod.

Wie der Ayurveda, die indische Medizin, hat sich Yoga der Verlängerung des Lebens verschrieben, durch Prävention von Krankheiten und ein Hinauszögern des Alterungsprozesses. Das wird erreicht durch Übungen, die die Muskeln, Gelenke und Organe aktiv halten und beleben, aber auch durch die Verlängerung des Atems.

In der traditionellen Vorstellung des Yoga hat der Mensch eine bestimmte Anzahl von Atemzügen zur Verfügung, und wenn die „ausgeatmet" sind, stirbt er. Das ist natürlich symbolisches Denken, hat aber eine organische Grundlage in der Verlangsamung des Metabolismus, die Yoga bewirken kann. Damit können Bluthochdruck und Stress bis hin zum Burnout bekämpft werden.

Yoga dient dazu, Körper und Geist fit zu halten, um im Alter nicht mit seinen Zipperlein beschäftigt zu sein, sondern die „Früchte der Weisheit" ernten zu können. Traditionell hieß es, dass mit sechzig der Rückzug vom aktiven Leben, von der Außenwelt beginnen und der Yogi und die Yogini sich von nun an der Meditation widmen sollten.

Einer der einflussreichsten Yogalehrer des 20. Jahrhunderts, B. K. S. Iyengar, hielt sich daran. Und merkte bald, dass ihm das Fallenlassen der Körperübungen nicht gut tat, weshalb er sie wieder aufnahm und bis zu seinem Tod im 94. Lebensjahr auch schwierige Übungen meisterte.

कालधर्म

U wie Unterscheidungskraft

Wir sehen die ➤ *Wirklichkeit* nicht, wie sie ist, sondern in einer verzerrten Art und Weise. Daraus können Probleme entstehen: mit sich selbst und mit anderen. Um dem entgegenzuwirken, schlägt die Yoga-Philosophie vor, die Unterscheidungskraft zu trainieren.

Die wachsame Differenzierung zwischen Wahrnehmungen, Gefühlen, Gefühlsgedanken und Schlussfolgerungen heißt im Sanskrit „viveka", was „aussondern" bedeutet, ein zentraler Begriff der Yogasutren des Patanjali. Sie zählen neun Hindernisse auf, die uns davon abhalten, die Realität adäquat wahrzunehmen: Krankheit, Trägheit, Zweifel bzw. Entscheidungsschwäche, Hast, Faulheit, Abgelenktheit, falsche Erwartungen, fehlende Zielstrebigkeit und Unbeständigkeit in der Willenskraft. Wer sie nicht erkennt und überwindet, kommt beim Üben nicht weiter oder fällt zurück.

Getrübt wird die Unterscheidungskraft auch durch Vorurteile bzw. Verwechslung, überzogenes Selbstbewusstsein wie Eitelkeit und Stolz, blinde Abneigung oder ➤ *Vorlieben,* Gleichgültigkeit und Anhaftung bzw. Angst. Mit Letzterer ist nicht nur die Furcht vor dem Unbekannten gemeint, sondern auch vor dem ➤ *Tod.*

Wer die Unterscheidungskraft stärken möchte, muss seine Gedanken, Gefühle und Gefühlsgedanken zuerst einmal erkennen und das heißt, sie benennen. Das kann man nicht nur auf der Matte oder dem Meditationskissen üben, sondern auch im Alltag, jeden Tag und jede Stunde, jede Minute und jede Sekunde.

Das Yogaüben bietet dafür eine Art „Laborsituation auf der Matte". Etwa mit der Unterscheidung zwischen zuträglichem und gefährlichem ➤ *Schmerz.* Aber auch in der Analyse von Sätzen, die man beim Üben denkt. „Es tut weh." (Das ist noch eine Sinneswahrnehmung.) „Ich bin so steif. Die anderen sind besser als ich." (Das ist schon ein Urteil!) „Ich sollte mich mehr anstrengen. Diese Übung kann ich nicht leiden." (Das ist ein Gefühlsgedanke.) „Ich bin gut. Ich komme tiefer hinunter als gestern." (Das ist ebenfalls ein Gefühlsgedanke – und an sich nichts Schlechtes, außer wenn man daran festhält!)

Unterscheidungsfähigkeit bedeutet das Gegenteil von Vorurteilen, ohne sie gibt es keine Achtsamkeit und ➤ *Neugier.*

V wie Vorlieben

Nicht jeden Tag hat man Lust zu üben. Und nicht alle Körper- und Atemübungen mag man gleich gern. Im Yoga geht es aber nicht um Vorlieben und Abneigungen. Es geht darum, das zu tun, was hilfreich und not-wendig ist, auch wenn es nicht von ➤ *Anfang* an Spaß macht. Es geht darum, die Heraus-forderung lieben zu lernen.

Im Yogaunterricht stellt die Lehrerin oder der Lehrer ein Programm zusammen, das den größten gemeinsamen Nenner für alle darstellt. Wenn man beginnt, zu Hause zu üben, kommt man schneller weiter, weil man das Programm auf seine eigenen Bedürfnisse und Probleme zuschneiden kann. Aber es gibt eine Falle: Man ist seinen Vorlieben ausgeliefert.

Natürlich ist es gut, Übungen zu machen, die man auch gerne macht. Aber ebenso wichtig ist es, das zu üben, was einem schwerfällt oder was man innerlich ablehnt. Denn das sind oft die Übungen, wo es hapert oder die man zur Weiterentwicklung braucht. Und aller Wahrscheinlichkeit nach wird man nach einer Weile ebenfalls begin-nen, sie zu mögen.

Im Yoga geht es darum, die ➤ *Unterschei-dungskraft* zu stärken, ohne ein Urteil hinzu-zufügen, das zumeist vom Wesentlichen ablenkt, Energie abzieht oder einen am Fortschritt hindert. Dasselbe gilt auf der psychischen Ebene. Jeder Mensch hat seine Lieblingsgedanken, die ihn dominieren und limitieren. Diese gilt es zu sehen. Dann gelingt es immer besser, den Geist zu benutzen, statt sich von ihm dirigieren zu lassen.

Yoga ist keine Psychotherapie. Aber man kann während des Übens etwas über sich, seine Gedanken und Gefühle lernen. Indem man seine Lieblingsgedanken erkennt und benennt. Sie sind auf der Matte dieselben wie im „wirklichen" Leben.

Beim Üben geht es darum, seine Muster, seinen Vorlieben und Abneigungen, nicht zu verstärken, sondern zu überwinden. Oder, in einer beliebten Yoga-Vokabel ausgedrückt: nicht anzuhaften.

Wer an seinen Vorlieben – den eigenen sowie den Likes und Dislikes von anderen – hängt und sich in ihnen verliert, engt sich ein, nicht nur mental, sondern zumeist auch körperlich. Wer sich mit seinen Vorlieben und Abneigungen beschäftigt, erweitert Schritt für Schritt seine ➤ *Freiheit.*

W wie Wirklichkeit

Yoga ist keine Schonzone, bei der es um Harmonie und Liebsein geht. Der Yogaweg bedeutet eine Auseinandersetzung mit sich selbst, einen Entwicklungsprozess, bei dem man durchaus mit ➤ *Schmerzen* konfrontiert werden kann. Diese Begegnung mit der Wirklichkeit kann als eine lebenslange Annäherung verstanden werden.

Die zweitausend Jahre alte Yoga-Philosophie des Patanjali fußt auf dem dualistischen Weltbild des Samkya, in dem angenommen wird, dass man zu dieser Realität vorstoßen kann – im Gegensatz zur Philosophie des Vedanta (zu dem etwa die Upanishaden und die Bhagavad-Gita gehören), die davon ausgeht, dass alles eins ist und die Vielheit und damit Gegensätze eine Täuschung sind.

In der postmodernen Philosophie entspricht dem, salopp gesagt, die Haltung, dass es keine Wirklichkeit gibt und sowieso alles relativ ist. Wenn alles eins ist oder sowieso einerlei, gibt es aber keine Möglichkeit, etwas zu unterscheiden und damit zu erkennen. Und wenn jeder in seiner eigenen Wirklichkeit lebt, keine Verständigung.

Auch der ab dem 14. Jahrhundert n. Chr. boomende Hatha-Yoga gehört zu den dualistischen Strömungen. Das Wort ist aus den Silben „ha" (Sonne) und „tha" (Mond) zusammengesetzt. Seine körperbetonte Methode fand auch deswegen so schnelle Verbreitung, weil sie sich nicht nur an Asketen wandte, sondern auch an Menschen, die mitten im Leben stehen, und dabei versuchte, mit den Energien der sinnlichen Bedürfnisse und Leidenschaften zu arbeiten.

Yoga gibt mit seiner Philosophie und seinen Techniken Werkzeuge in die Hand, sich in der Realität besser zurechtzufinden, durch die Kultivierung der ➤ *Unterscheidungskraft* zwischen Wirklichkeit und Irrtum, Schein und Wunschdenken, durch das Loslassen von ➤ *Vorlieben* und Abneigungen.

Das Üben selbst bedeutet oft schon harte Realität, denn es erfordert nicht nur Loslassen, sondern auch Beharrlichkeit und eine Analyse des eigenen ➤ *Handelns.* Das Prinzip des Handelns, das Aktive, wird in der Lehre des Samkya übrigens als weiblich angesehen, während dem Männlichen das Statische zugeordnet wird.

X wie die Unbekannte

Yoga ist das Zur-Ruhe-Kommen der Aktivitäten des Geistes oder der Bewegungen des Bewusstseins, lautet eine seiner zentralen Definitionen. Dahinter steckt die Annahme, dass die Natur des Bewusstseins einem Affen gleicht, der von Baum zu Baum springt, von Wahrnehmung zu Wahrnehmung.

Offenbar war der menschliche Geist schon damals, vor zweitausend Jahren, vor der Erfindung des Internets und des Smartphones ruhelos. Er verfing sich in den Fallstricken der Erinnerung und in den falschen Schlussfolgerungen, die er aus Kindheitserlebnissen zog. Er rannte voraus in die Zukunft, und nichts fiel ihm schwerer als stillzuhalten, im Hier und Jetzt zu bleiben.

Vielen erscheint diese Ruhe, die Yoga anstrebt und zu deren Erlangung es Techniken bereithält, als bedrohlich. Früher genauso wie heute, in Zeiten von Dauerbeschallung durch die Medien, endlosen Ablenkungsmöglichkeiten in den Weiten des Internets und dem drohenden Burnout durch die Entfesselung der Kräfte des gesellschaftlichen Wettbewerbs.

Was würde passieren, wenn man innehielte? Fiele man in ein tiefes Loch? Würden einem alle Felle davonschwimmen? Was bliebe übrig? Nichts? Die Angst? Bei Letzterer tippen wir vermutlich richtig. Denn die Angst vor dem ➢ *Tod* stellt einen der grundlegenden Antriebe des Menschen dar. Um sie gruppiert er all seine Anstrengungen und Fluchtbewegungen. Sie führt dazu, dass das „System" Mensch sich gegen Veränderungen, gegen das Unbekannte sträubt. Aber Yoga ist keine Fassadenreinigung, sondern zielt auf einen Umbau dieses Systems.

Was bliebe übrig, wenn man sich dieser Angst stellen würde? Auf körperlicher Ebene zunächst einmal der Atem, auf den sich Yoga konzentriert, weil man ihn leichter wahrnehmen kann als den Herzschlag, dessen Kontrolle zu den höheren yogischen Fähigkeiten gezählt wird. Der Atem ist eine ➢ *Quelle* von Energie. Wer den Atem zu kontrollieren lernt, lernt den Geist und seine tiefsten Ängste zu beherrschen.

Die Aufmerksamkeit auf den Atem bindet den Geist im Hier und Jetzt, im Augenblick. Und das Unbekannte verliert seinen Schrecken.

Y wie Yoga

„Alles ist Yoga", lautet der Titel eines einschlägigen Bestsellers. Tatsächlich kommt man an Yoga heute kaum mehr vorbei – in der Werbung, in Fitnessstudios, in Hotels etc., überall ist er präsent. Beinahe jeder hat es schon einmal ausprobiert oder kennt jemanden, der es übt und darüber redet, hat darüber gelesen oder ist in Zeitschriften darübergestolpert. Dabei scheint, je populärer Yoga wird, desto weniger klar, was Yoga eigentlich bedeutet.

Das liegt zum einen daran, dass Yoga sich in unzählige Stile ausdifferenziert hat, die teilweise nur mehr wenig gemeinsam haben. Von sportlicheren Stilen wie Ashtanga, Power oder AcroYoga über das technischere Iyengar Yoga bis zu Hot und Bikram Yoga bei 38 bis 41 °C Raumtemperatur, von den mehr esoterischen Stilen des Kundalini Yoga über das stylishe Jivamukti Yoga bis zum sanfteren Yin Yoga, von Stilen mit medizinisch anmutenden Namen wie Faszienyoga über Hormonyoga bis zu Therapeutischem Yoga gehören sie jedoch alle zur körperbetonten Strömung des Hatha-Yoga.

Davor, noch unter den Blumenkindern der 1960er-Jahre, bedeutete Yoga vor allem eine Lebenshaltung oder die Ablehnung einer solchen, indem man mit der Beschäftigung mit indischer Philosophie und Meditation zeigte, dass man auszusteigen gedachte aus dem westlichen Leben mit seinem Primat von Konsum und Karriere.

Heute scheint Yoga genau diese beiden Prinzipien zu unterstützen: mit trendigen Produkten wie Matten, Wasserflaschen, Tops und Pants, mit Yogastudios im Franchise-System, die Einheitsware verkaufen, mit den ➢ *Chimären,* dass man mit Yoga schön, schlank und erfolgreich wird, wenn man sich Bauchmuskeln antrainiert, Fett verbrennt und die Leistungsfähigkeit im Berufsalltag steigert.

Ein Erfindungsreichtum, der neue Marktnischen sucht, reichert Yoga – als ob es nicht schon alleine Aufgabe genug wäre – mit Zusatzangeboten an: von Surfbrettyoga bis Bieryoga, von Ziegenyoga bis – kein Scherz! – Lachyoga, bei dem sich Menschen zum Lachen treffen. Mit dem Label Yoga kann man mittlerweile alles verkaufen. Dabei braucht man für Yoga nichts. Außer sich selbst.

Z wie Ziel

„Wie lange dauert es, bis man Yoga kann?", fragen Yoga-Neulinge manchmal. Aber die Frage ist falsch gestellt. Denn Yoga kann man nicht, Yoga praktiziert man.

Man muss nicht alle Yogaübungen beherrschen, um die Früchte des Übens zu ernten, denn manche erfordern tatsächlich eine stupende Beweglichkeit, Geschicklichkeit und ➤ *Kraft.* Aber auch einfache Übungen führen zu mehr Belebung und ➤ *Entspannung* sowie einer größeren Geistesgegenwart.

„Yoga ist nichts für mich", sagen manche, „denn ich kann keinen Kopfstand." Darauf lässt sich erwidern: Wenn man etwas schon kann, muss man keinen Kurs besuchen. Für das Yogaüben gibt es keine Voraussetzungen außer einem guten Willen, einer Portion Durchhaltekraft und einer genügenden körperlichen und psychischen Gesundheit.

Yoga kann man nicht beherrschen, aber Yoga hat ein Ziel. Dieses wird manchmal Erleuchtung genannt, manchmal ➤ *Freiheit.* Vermutlich kann man es nicht ein für alle Mal erreichen, sondern nur für Momente. Man kann es nicht erzwingen, aber anstre-ben. Wenn man es zu sehr will, wird es sich nicht einstellen.

Yoga fordert Geduld. Mit sich selbst und den Bedingungen des Menschseins. Und es fördert Geduld. Mit ihrer Hilfe vermag man seine Freiräume kontinuierlich zu vergrö-ßern. Durch Schulung der ➤ *Unterscheidungs-kraft,* durch das Sichlösen von Unwissenheit oder falschem Wissen, von Egozentrik und einer falschen Einschätzung der eigenen Person, von ➤ *Gier* bzw. dem Verlangen, etwas unbedingt haben zu wollen, von ➤ *Vorlieben,* Abneigungen und Ängsten.

Das sind große Aufgaben, Ziele, denen man sich vermutlich nur annähern kann und die man immer wieder aus den Augen verlieren wird. Jeder Mensch gerät manch-mal in Sackgassen oder auf Irrwege. Glück-licherweise gibt es einen Lotsen, der einen zurückzuholen vermag: den Körper.

Der Körper ist nicht stumm. Er spricht mit einem, gibt einem Signale und Warnhin-weise, die man durch das Yogaüben immer besser, immer schneller wahrzunehmen vermag. Yoga übt man, wenn man Glück hat, ein Leben lang. Der Weg ist das Ziel.

Kleines Lexikon der Yogastile

Hatha-Yoga-Stile unterscheiden sich beträchtlich in puncto Anstrengung und Anforderungen, aber auch in Hinblick auf den Schwerpunkt: zwischen Entspannung und Workout, festgelegten Serien und an den Einzelnen angepassten Übungen. Fortlaufend werden neue Stile kreiert – und, wenn möglich, gleich patentiert. Neben Fusionen mit anderen Sportarten oder Entspannungs- und Heiltechniken wie Yogilates (Yoga & Pilates), Yoga Dance, Stand up Paddle Yoga (ja, auf dem Brett!), Breath Walking, Lachyoga oder Medical Yoga gibt es Stile, die eher wie ein Marketinggag klingen: Dog Yoga (für Hunde und ihre Besitzer), Bieryoga (wo man sich zwischendurch ein Schlückchen genehmigt), Ziegenyoga (in dem Ziegen auf einem herumklettern und einen ablecken) oder Wutyoga (Schreien statt Mantrasingen). Im Veganen Yoga bekommen die zahlreichen Asanas mit Tiernamen neue Bezeichnungen, um Tiere nicht zu Objekten zu degradieren. Die folgende Auswahl von 26 bekannteren indischen sowie im Westen entwickelten Hatha-Yoga-Stilen kann daher nur einen ersten Überblick verschaffen. Viele Lehrende unterrichten auch Mischformen dieser Stile.

AcroYoga

Dieser Stil wird von zwei Übenden gemeinsam praktiziert. Eine Person bildet die Basis, während der Partner auf seinem Körper in die Yogaposition geht. Fördert die Balance und das Gefühl für Interaktion. Verbindet spirituelle Weisheit und den sanften Stil von Nuad (dem passiven Thai-Yoga) mit dynamischen, kraftvollen Übungen. Gegründet 2003 von Jason Nemer und Jenny Sauer-Klein in Kalifornien.

Aerial Yoga (auch Antigravity®Yoga)

Die Yogaübungen werden in oder mit einem elastischen, von der Decke hängenden Trapeztuch ausgeführt. Vereint klassische Yoga-Elemente mit Übungen aus der Luftakrobatik und Fitness. Entspannt und streckt die Wirbelsäule. Wegen der Betonung von Umkehrhaltungen ist Vorsicht bei Bluthochdruck, Herz-Kreislauf-Erkrankungen, erhöhtem Augendruck und Schäden an der Wirbelsäule geboten. Gegründet 2008 von dem New Yorker Christopher Harrison.

Anusara Yoga

„Anusara", Sanksrit, bedeutet: im Fluss sein, dem Herzen folgen. Eher sanfter Yogastil. Die

Wahl der Asanas und die Geschwindigkeit wird an die Schülerinnen und Schüler angepasst. Dabei werden Prinzipien des klassischen Hatha-Yoga (mit Fokus auf Körper und Atmung) mit Jnana-Yoga (mit Fokus auf Geist, Weisheit und Wissen), Bhakti-Yoga (spiritueller Hingabe) und Erkenntnissen der Biomechanik kombiniert. Gegründet 1997 in den USA von John Friend, der dabei auf seine jahrelange Arbeit als Therapeut mit verletzten Yogaschülern zurückgreifen konnte.

Ashtanga Yoga

Zählt zu den populärsten der dynamischen, fordernden Yogastile. In der traditionellen Form (Mysore style) werden sechs schweißtreibende und schrittweise schwerer werdende fixe Serien geübt. Dabei werden die Asanas oft durch Sprünge (Vinyasas) miteinander verbunden und mit der Kehlkopfritzenatmung (Ujjayi) ausgeführt. Es wird nicht gemeinsam geübt, sondern der Lehrer beobachtet jeden Schüler und gibt einzeln Hilfestellungen. Entwickelt von Sri Krishna Patthabi Jois (1915–2009), einem Schüler von T. Krishnamacharya (1888–1989) (➢ *Yoga* in der Tradition T. Krishnamacharya). Quelle vieler anderer moderner Yogastile wie ➢ *Power Yoga.*

Bikram Yoga

Eine fixe Serie von 26 Asanas und zwei Atemübungen wird in einem auf mindestens zwei Seiten verspiegelten Raum geübt, der auf 38 bis 41 °C und 40 Prozent Luftfeuchtigkeit klimatisiert wurde. Jede Übung wird zwei Mal ausgeführt. Ein Franchise-System, gegründet von Bikram Choudhury (geb. 1946 in Kalkutta). Die Abfolge von Übungen ließ Choudhury in den USA bereits 1978 patentrechtlich schützen, 2002 meldete er die Marke „Bikram Yoga" an. Zum Politikum geriet der Versuch des Gründers im Jahr 2007, die Asanas selbst patentieren zu lassen. Der indische Staat protestierte. 2016 wurde Yoga zum immateriellen Weltkulturerbe erklärt. Siehe auch: ➢ *Hot Yoga.*

Faszienyoga

Eigentlich ist jeder Hatha-Yoga-Stil auch gut für die Faszien, aber hier steht das Bindegewebe, das den Körper zusammenhält, im Mittelpunkt. Dabei werden die Stellungen teils länger gehalten, teils dynamisch ausgeführt. Der Begriff Faszienyoga ist relativ jung. Seit etwa 2010 entdeckte man im Zuge von wissenschaftlichen Studien und unter Rückbesinnung auf die Massage- und Bewegungstechnik Rolfing, entwickelt von Ida Rolf (1896–1979), die gesundheitlichen Aspekte der Faszien. ➢ *Yin Yoga* wird manchmal als Faszienyoga bezeichnet.

Forrest Yoga oder Power Vinyasa Flow Yoga

Dieser US-amerikanische Stil basiert auf traditionellem Hatha-Yoga, den Gründerin Ana Forrest seit den 1980er-Jahren weiterentwickelte. Seine Eckpfeiler: Atem, Stärke, Integrität und „Spirit". Dabei sollen intensive Übungssequenzen tiefer in die Psyche führen, auch zu möglichen körperlichen und emotionalen Verletzungen. Die Stunden beginnen mit einer Pranayama-Übung, enthalten aber auch viele dynamische Übungen (Flows) und akrobatisch anmutende Bewegungsabläufe sowie länger gehaltene Stehhaltungen. Ein besonderer Fokus liegt auf aktiven Füßen und Händen.

Hormonyoga

Hormonyoga wurde von der brasilianischen Psychologin und Yogalehrerin Dinah Rodrigues (geb. 1927) in den 1990er-Jahren für Frauen entwickelt, um die Hormonproduktion anzuregen und auszugleichen. Die fixe Serie, die 14 Übungen aus dem Hatha-Yoga, Kundalini Yoga nach Swami ➢ *Sivananda* und tibetische Energieübungen verbindet, kann auch an einem Wochenende erlernt und zu Hause geübt werden. Sie soll bei Kinderwunsch, Zyklusstörungen, PMS und im Klimakterium, aber auch bei Schilddrüsenunterfunktion oder Schlafstörungen helfen.

Hot Yoga

Hot Yoga wird wie ➢ *Bikram Yoga* in einem 38 bis 41 °C warmen Raum geübt, aber es gibt keine festgelegte Übungsserie, und die Lehrer brauchen keine Lizenz von Bikram Choudhury.

Integraler Yoga

Ein in der indischen Tradition wurzelnder Weg, in dem Körperhaltungen, Tiefenentspannung, Atemübungen und Meditation sowie positives Denken kombiniert werden. Eher geistiger Yogastil, in dem mehr Wert auf Meditation als auf Genauigkeit beim Asanaüben gelegt wird. Gegründet von Swami Satchidananda (1914–2002), einem Schüler von Swami ➢ *Sivananda.* Achtung: Auch der rein philosophische Yogaweg von Aurobindo Ghose bzw. Sri Aurobindo (1872–1950) wird Integraler Yoga genannt.

Intuitives Yoga nach Vanda Scaravelli

Westliche Yogaübende laufen oft in die Falle, das, was der Unterrichtende vorgibt, vom Kopf aus und mit zu viel Ehrgeiz umsetzen zu wollen. Das versucht Intuitives Yoga zu umgehen, indem lange in den Positionen verweilt wird, wobei der Geist lernen soll, dem Körper zu folgen. Hilfreich nicht nur bei überambitionierten, sondern auch bei sehr beweglichen und überbeweglichen Übenden. Die Italienerin Vanda Scaravelli (1908–1999) war eine frühe Schülerin der Hatha-Yoga-Pioniere T. Krishnamacharya , B. K. S. ➢ *Iyengar* und T. K. V. Desikachar (➢ *Yoga* in der Tradition T. Krishnamacharya).

Iyengar Yoga

Der Yogapionier B. K. S. Iyengar (1918–2014), ein Schüler von T. Krishnamacharya, der durch die Vermittlung des Geigers Jehudi Menuhin in den 1950er-Jahren nach Europa reiste, entwickelte einen der einflussreichsten modernen Yogastile, in dessen Zentrum die Genauigkeit der Ausrichtung des Körpers bei der Ausführung der Übungen steht, die mit Hilfsmitteln wie Gürteln, Klötzen, Kissen und Decken unterstützt und in einzelne Schritte aufgedröselt werden. Damit werden die Übungen für Anfänger und körperlich oder gesundheitlich eingeschränkte Personen adaptiert. Von Iyengar stammen die Yoga-Klassiker „Licht auf Yoga" (1966) und „Licht auf Pranayama" (1981) (siehe auch ➢ *Yoga* in der Tradition T. Krishnamacharya).

Jivamukti Yoga

Inspiriert von ➢ *Ashtanga Yoga,* kombiniert der körperlich fordernde Stil, 1984 in New York von der Tänzerin Sharon Gannon und dem Künstler David Life gegründet, Meditation, Chanting und spirituelle Elemente. Ineinander fließende tänzerische Körperübungen wechseln mit Gesängen und spezieller Atemtechnik ab. Geübt wird bei den „Punks" unter den Yogis grundsätzlich zu Musik: Rock, Pop, Hip-Hop, Elektro, aber auch indischer Mantramusik.

Kripalu Yoga oder Amrit Yoga

Gegründet von Amrit Desai (geb. 1930), einem Schüler von Swami Kripalu (1913–1981). Sanfte Körperübungen werden unterstützt durch fließendes Atmen. Mit diesem Stil wird das distanzierte und bewusste Gewahrsein der dabei ablaufenden Prozesse kultiviert. Der äußeren Form der Übungen wird dabei weniger Beachtung geschenkt als der Entwicklung von Selbstakzeptanz und emotionaler Stabilität.

Kundalini Yoga nach Yogi Bhajan

In diesem Stil, entwickelt von Yogi Bhajan (1929–2004), geht es um Anregung und Verstärkung einer Energie, die als im Becken bzw. am unteren Ende der Wirbelsäule ruhende Schlange vorgestellt wird. Durch intensive Atemübungen (Pranayama), Körperhaltungen (Asanas), reinigende Übungen (Kriyas), Meditation und Singen von Mantren soll deren Aufsteigen und damit die Erleuchtung erreicht werden.

Kundalini-Yoga nach Swami Dhirendra Brahmachari

Der Schweizer Reinhard Gammenthaler (geb. 1953), der letzte Schüler des Gurus von Indiens Ex-Staatschefin Indira Ghandi, Swami Dhirendra Brahmachari (1924–1994), gründete 2002 in seiner Heimatstadt Bern eine Schule für traditionelles Hatha- oder Kundalini-Yoga. 2010 legte er mit seinem Buch „Kundalini-Yoga-Parampara" ein umfassendes Werk über Theorie, Praxis und Philosophie des authentischen Hatha-Yoga vor. Hier werden viele Stehhaltungen unterrichtet, unterbrochen von Atemübungen, die ebenfalls im Stehen ausgeführt werden.

Luna-Yoga®

Ein im Westen entstandener Stil, der traditionelle Techniken aus Yoga, ➤ *Tantra* und Ayurveda mit modernen Körpertherapien vereint. Der Fokus liegt in der individuellen und kreativen Gestaltung der Übungen, die auf die Gesundheit und das harmonische Funktionieren der Beckenorgane einwirken sollen. Entwickelt wurde der Stil seit 1971 von der ungarischen Tänzerin Aviva Steiner in Israel. Die deutsche Yogalehrerin und Journalistin Adelheid Ohlig erweiterte deren Methode und baute sie um 1982/83 zum Luna-Yoga aus, das sich vor allem an Frauen wendet.

Power Yoga oder Vinyasa Flow

Power Yoga wurde vom US-Amerikaner Bryan Kest aus dem ➤ *Ashtanga Yoga* entwickelt und ist ein kraftvoller, dynamischer, fließender Übungsstil, bei dem die Asanas zu immer neuen kreativen Bewegungsabfolgen kombiniert und an das Niveau der Übenden angepasst werden. Im Mittelpunkt stehen die „Vinyasas", die Einheit von Atmung und Bewegung. Wird oft im Fitnessstudio angeboten und eignet sich für Menschen, die sich im Yoga gerne anstrengen. Geübt wird mit einer intensiven Atemführung und mit Musik.

Shadow Yoga

Der aus Serbien stammende Australier Shandor Remete war ein langjähriger Schüler von B. K. S. ➤ *Iyengar,* bevor er seinen eigenen Stil entwickelte, der Elemente aus dem ➤ *Ashtanga Yoga* und asiatischen Kampfkünsten integriert. Der kraftvolle und doch fließende Stil arbeitet viel mit Hockstellungen und der Beinkraft und kultiviert die Sensibilität der Arme und Hände. Der Name beruht auf der Theorie alter Hatha-Yoga-Texte, dass der Körper aus fünf verschiedenen Schichten (den „Schatten") besteht. Diese sollen aufgelöst werden, um das wahre Selbst zu erkennen.

Sivananda Yoga

Die Sivananda-Yoga-Vedanta-Zentren waren Pioniere in einer Zeit, als Yoga noch nicht schick war. Sie trugen ab 1959 stark zur Verbreitung des Yoga-Gedankens bei. Gegründet von Swami Vishnudevananda (1927–1993), einem Schüler des Yogameisters und Arztes Swami Sivananda (1887–1963; er verfasste mehr als 200 Bücher), betreiben sie nicht nur Yogastudios, sondern auch Ashrams. Die Verhaltensregeln von Yama und Niyama, gemeinsames Putzen und Kochen, Ernährung und Philosophie spielen eine ebenso große Rolle wie Asanas und Pranayama, bei denen es nicht so sehr auf die Genauigkeit ankommt.

Tantra-Yoga

Tantra ist eine religionsübergreifende spirituelle Bewegung, die das Universum als ein Zusammenspiel aus Bewusstsein (repräsentiert durch Gott Shiva) und Energie (repräsentiert durch Göttin Shakti) ansieht. Dazu wird jede Energie als wertvoll angesehen, auch die sexuelle. Im Weg der linken Hand (roter Tantra) beschäftigt man sich direkt mit den Sexualkräften, der Weg der rechten Hand (weißer Tantra) beschreitet eine strenge spirituelle Disziplin. Der ursprüngliche Tantra war eine Geheimlehre, die nur von Lehrer zu Schüler vermittelt wurde.

Therapeutisches Yoga oder Yogatherapie

Hier werden klassische Yogatechniken (meist im Einzelunterricht) bei konkreten Beschwerden und Einschränkungen eingesetzt und mit anderen Verfahren kombiniert. Atem-, Bewegungs-, Entspannungs- und Meditationsübungen werden dabei an die individuellen Bedürfnisse der Schülerinnen und Schüler angepasst. Ziel ist es, bei Schmerzen oder körperlichen Einschränkungen gezielt zu helfen, um eine bestimmte Symptomatik zu verbessern und die Selbstheilungskräfte zu aktivieren.

TriYoga®

TriYoga verbindet Asanas, Pranayama, Konzentrationstechniken und Handmudras (Fingerstellungen) zu fließenden Sequenzen (Flows). Die exzentrische Gründerin, die US-Amerikanerin Kali Ray, verwendet selbst über tausend Mudras. Die Flows sind zu Serien zusammengestellt, die die Jahreszyklen und fünf Elemente widerspiegeln. Intuitive, wellenartige Bewegungen der Wirbelsäule sollen Blockaden lösen und für ein besseres Fließen der Lebensenergie sorgen.

Yin Yoga

Viele moderne Yogastile haben eine Tendenz zum Workout. Den Gegenpart dazu bildet Yin Yoga, das sich auf das Dao-Begriffspaar Yin und Yang bezieht, wobei Yin für das weiche, nach innen gerichtete, „weibliche" Lebensprinzip steht, im Gegensatz zu aktiven, nach außen gerichteten, „männlichen", Yang-betonten Stilen wie ➢ *Asthanga Yoga.* Die Asanas werden passiv ausgeführt und drei bis fünf Minuten gehalten. Dadurch sollen Muskel- und Bandapparat, Faszien (➢ *Faszienyoga),* Meridiane, die Gelenke und der Energiefluss im Körper angesprochen werden. Gegründet in den USA von Paulie Zink, weiterentwickelt von Paul Grilley und Sarah Powers.

Yoga im täglichen Leben®

Gegründet von Pramahans Swami Maheshwarananda (geb. 1945). Bei diesem genuin indischen Stil wird zu Beginn und Ende jeder Stunde und zwischen den einzelnen Übungen entspannt. Pranayama und Meditation schließen die Stunde ab. Dazu werden Yoga-Philosophie, Wissen um Chakras und Mantras, Yoga Nidra (Tiefenentspannung) und Hatha-Yoga-Kriyas (Pflichten) unterrichtet sowie Spezialkurse gegen Rückenschmerzen, für Gelenke, bei Diabetes, gegen Stress und für vegetarisches Kochen angeboten.

Yoga in der Tradition T. Krishnamacharya oder Viniyoga

Der Inder Sri Tirumalai Krishnamacharya (1888–1989) war der Lehrer vieler Yogalehrerinnen und -lehrer, die Yoga im Westen bekannt gemacht haben, etwa von B. K. S. ➢ *Iyengar,* Sri Krishna Pattabhi Jois (dem Gründer des ➢ *Asthanga Yoga*), Vanda Scaravelli *(*➢ *Intuitives Yoga)* u. v. m. Der körperbetonte Stil wurde von seinem Sohn T. K. V. Desikachar (1938–2016) fortgeführt. Philosophie, Reflexion und Meditation nehmen aber heute einen mindestens so breiten Raum ein wie der Unterricht von Asanas und Pranayama. Geachtet wird auf die individuelle Anpassung der Praxis an die Bedürfnisse der Übenden. Deswegen genießt der Einzelunterricht hohe Wertschätzung.

Literaturhinweise

A wie Anfang: Vgl. etwa Patanjali: Das Yoga-sutra: Von der Erkenntnis zur Befreiung. Einführung, Übersetzung und Erläuterung von R. Sriram (Theseus, 2009).

C wie Chimären: Nachzulesen bei William Board: The Science of Yoga: Was es verspricht und was es kann (Herder, 2013).

H wie Handeln: Bhagavad Gita, der Gesang des Erhabenen. Übersetzung und Kommentar von Michael von Brück (Verlag der Weltreligionen, 2007).

J wie Joch: Vgl. etwa Georg Feuerstein: Die Yoga-Tradition. Geschichte, Literatur, Philosophie & Praxis (yogaVerlag, 2008), S. 242; B. K. S. Iyengar: Der Baum des Yoga (O. W. Barth, 1991), S. 61; Bhagavad Gita, 6.29.

L wie Leichtigkeit: Lektüreempfehlung zum Üben des Erkennens tief sitzender Muster und Emotionsgedanken: Yoko Beck: Zen im Alltag (Goldmann, 2011).

M wie Männer: Patanjali siehe ➤ *A wie Anfang.*

N wie Neugier: Zur Feinabstimmung der Asanas vgl. B. K. S. Iyengar: Der Baum des Yoga (O. W. Barth 1991), S. 66 ff.

O wie Om: Upanishaden. Akanum des Veda, Hg. von Walter Slaje (Verlag der Weltreligionen, 2009); Die Geheimlehre des Veda (Marix, 2007); Eckard Wolz-Gottwald: Yoga-Philosophie-Atlas (via nova, 2013), S. 63 ff.

P wie Pause: B. K. S. Iyengar: Licht auf Prana-yama. Das grundlegende Lehrbuch der Atemschule des Yoga (O. W. Barth, 2000), Reinhard Gammenthaler: Kundalini-Yoga-Parampa. Die lebendige Tradition des Kundalini-Yoga (Simowa, 2010), 365 ff.

U wie Unterscheidungskraft: siehe ➤ *L wie Leichtigkeit.*

W wie Wirklichkeit: Vgl. etwa Margret Distelbarth: Samkya, in: Der Weg des Yoga. Handbuch für Übende und Lehrende. Hg. vom Berufsverband Deutscher Yogalehrer (Via Nova, 2010).

Die Autorin
Kirstin Breitenfellner,
geb. 1966 in Wien, ist Journalistin und
schreibt Romane, Gedichte, Kinder- und
Sachbücher. Das Wissen, das diesem ABC
zugrunde liegt, beruht nicht nur auf dem
Studium der alten Yogatexte, sondern auch
auf ihrer jahrzehntelangen Praxis. Sie übt
seit ihrem 16. Lebensjahr Yoga und unterrichtet seit über 25 Jahren, geprägt von den
Stilen Iyengar Yoga, Ashtanga Yoga, Shadow
Yoga und Kundalini-Yoga (nach Swami
Dhirendra Brahmanchari).

Die Illustratorin
Bianca Tschaikner,
geb. 1985 in Bregenz, reiste viel durch Indien,
übt und unterrichtet Yoga mit Schwerpunkt
auf Yin Yoga und freut sich, ihre Erfahrun-
gen mit Yoga bildlich umzusetzen.